U0931907

圖說香港小巴史

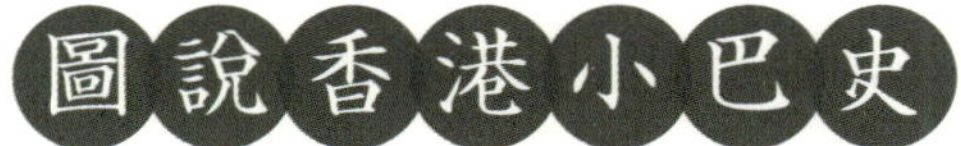

cin4 min6 jau5 lok6

前面有落

圖・文/ 當樂

・香港公共小型巴士全圖鑑・

・認識本地小巴交通發展史・

・解構紅綠VAN之前世今生・

・小巴迷集體回憶典藏繪本・

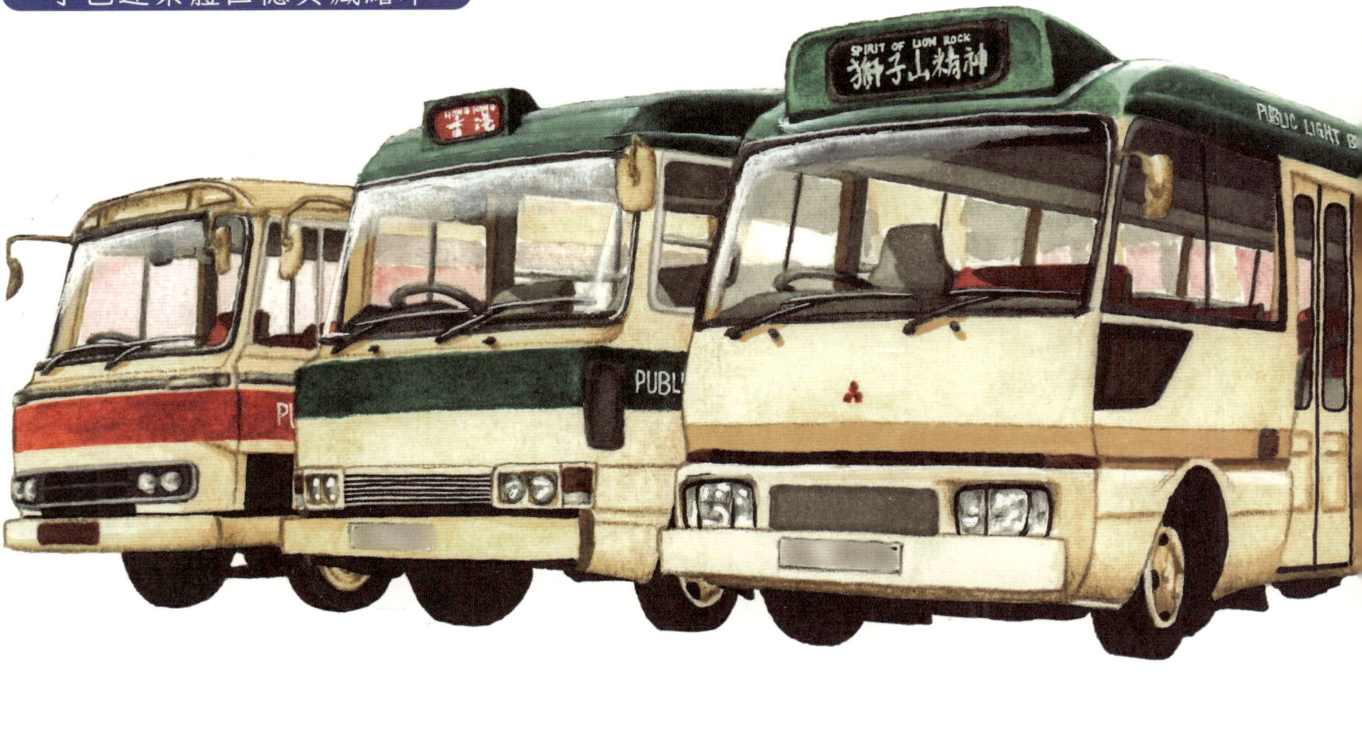

HELLO & WELCOME

- 致各位乘客 -

歡迎大家乘搭《前面有落－①號線》。

本班車即將開出，請佩戴安全帶，以保安全。如要落車，請於到站前提早向司機揚聲，司機舉手作實，過站自誤！

祝各位旅途愉快！

HANG HAU MTR
坑口港鐵
PUBLIC LIGHT BUS 16 SEATS
公共小型巴士十六座位
2751 6666
$6.00
六元
H·K·U·S·T
科技大學
謝家俊
Oscar TSE
oscartkc71
駐唱·活動表演·社創·OT為本位
人人都係別為藝術家
以生活方式去呈現價值觀
謝家俊
Oscar TSE

PREFACE
自序

小時候，小弟對小巴已經有濃厚興趣，買玩具車必定首選小巴，繪畫喜歡畫小巴，就連中學校本評核，都以「小巴」為題，可見我真是一個小巴迷！

回憶讀中學時，我都是搭紅色小巴（紅van）上學。記得當時，上學所乘搭的土瓜灣至何文田線，共有七架小巴，而且全部車輛都是九十年代中期出產自豐田汽車公司，直至二〇一七年還在行走，不過當時已經非常殘舊了（我甚至見過車廂內有蟑螂！），但看來仍然能夠精力旺盛地為市民服務。

而令我對小巴更為驚喜的事情，是剛升讀高中的時候，突然眼見該路線的一架小巴，貼上了某牌子的爐具廣告，對此我感到相當驚喜及興奮！該路線所用的車輛，以往從來沒有貼上過任何車身廣告，就是一絲不掛地穿梭在馬路上。之後，短時間內，我留意到七架小巴都換上了為不同的產品、服務、餐廳宣傳的「新衣服」。我喜歡小巴貼上色彩繽紛及多元化類別的車身廣告。那時候，我甚至曾經出動去尋找有沒有一條類似上述情況的其他小巴路線。喜歡繪畫的我，還會加上自己所幻想的車身廣告，試畫在畫紙上。

中學時期，上學及放學，我都乘搭小巴，與小巴訂下了情意結。除此之外，去某些地方，往往也只能乘搭小巴，又或者乘小巴總是比較方便。直至今天，我仍然熱愛小巴、喜愛畫小巴、喜歡收藏小巴模型，甚至對於搭上感覺是在飛馳的超速小巴（超越最高車速每小時八十公里），我都覺得興奮！（雖然這是犯法的，很危險啊～）

回憶高中修讀視覺藝術科，要為中學文憑試做校本評核，本來對作品題材毫無頭緒，後來老師留意到我喜歡小巴，便提議我以小巴為題材。於是，我為校本評核的內容搜集有關小巴的歷史發展，記錄自己在小巴上的親身經歷和眼見的事物。這份作品，後來得到非常好的評價，還獲得獎項！

再後來，到了高級文憑二年級要做畢業作，我回想起中學的校本評核。於是，我再一次以小巴為題。本初是一個毫無頭緒的人，花上極多的時間及心力去構想不同的主意及作出最終的定案，然後真正的下筆繪畫，才發現距離交出作品的死線，原來只剩一個月的時間。當時疫情剛剛開始爆發，令我們除了不能面授課堂之外，也打亂了畢業作品的製作進度。不過，亦因此換來了多一個月期限，讓我們去完成畢業作。

二〇二三年七月尾，我更下定決心，要把畢業作正式出版，成為一本推出市面的繪本，向大家介紹香港小巴的發展史，以及關於小巴的種種趣事。

在我為《前面有落》繪畫的過程中，有喜悅、有疲累、有無關的崩潰⋯⋯百感交集，但我慶幸，最終還是能夠透過畫作及心力，把自己對這種交通工具所知的一切，向大家介紹關於小巴的發展、車型，以及小巴與香港的文化歷史，讓大家乘搭小巴或與小巴擦身而過的時候，會喚起對小巴的種種記憶，想起從前乘搭小巴的經歷，及其不斷發展的轉變，甚至有外國朋友前來香港旅遊時，能夠作出介紹。

由資料蒐集、風格設定、書名構思、標誌設計、文本撰寫、插畫製作、排版設計及完成印刷，這本書終於順利誕生！我為自己能夠向大家推廣香港本土情懷文化、推廣小巴而感到歡喜及榮幸！

感謝各位朋友支持，請各位讀者慢慢欣賞！

當樂

CONTENTS

目錄

獅子山精神

LET'S GO......

請坐穩，開車喇！

第一站

香港碩果僅存的小巴水牌寫手

MR MAK KAM SANG

麥錦生師傅

THE LAST MINIBUS SIGN MAKER

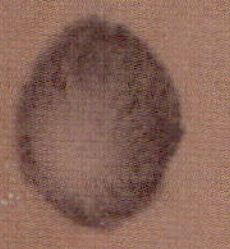

TO KWA WAN
紅磡
土瓜灣
WONG TAI SIN
九龍城
黃大仙
SHEUNG SHUI
上水
KWUN TONG
官塘
TSUENWAN
荃灣
川龍街
LAM
藍
JORDAN ROAD
佐敦道
CEN
HONG KONGER
香港人
U THICK

麥錦生師傅

於一九五〇年代出生的麥錦生師傅，童年時家境清貧，十多歲時，便被迫放棄學業，外出打工，以減輕家人的經濟負擔。

十五歲時，他找到了一份招牌廣告設計工作，但當時的薪金待遇未如理想。打工一段日子後，他於一九七八年，決定自立門戶，創立「巧佳膠片廣告製作」，開始手寫招牌的業務。

麥師傅寫得一手端正秀麗的字體，很快便吸引到了小巴司機的眼球，並邀請他為小巴手寫路線牌，亦因此而令他的傑作街知巷聞！自此，麥師傅便展開了他手寫小巴水牌的生涯，同時與紅色小巴結上緣分。

今天，香港「紅van」（紅色小巴）的數量已大減，手寫小巴水牌的需求亦隨之減少。目前，麥錦生已是全港碩果僅存的手寫小巴水牌師傅。

HAWK巧佳小巴用品

地址：九龍油麻地炮台街39號閣樓

而為了延續及推廣這種充滿香港本土情懷的手藝，麥師傅特意把小巴路線牌改造成小巧的飾物、精品，如鎖匙扣及文件夾等。自推出市場後，反應熱烈，大受歡迎，試過一個月內出售兩萬多件產品，這股吸引力亦引起了日本旅遊雜誌對相關產品作報道，由此又吸引了大批遊客前來購買這種帶有香港特色的紀念品。

麥師傅的念頭及創意，讓這塊充滿香港情懷的膠牌起死回生，甚至成功開創了一股懷舊的新興熱潮，亦讓這個本土情懷衝出了香港。

除此之外，麥師傅亦多次舉辦手寫小巴膠牌工作坊，也經常受不同團體、機構、學校邀約，舉辦活動分享這門手藝，進一步向普羅大眾推廣這份香港情懷及文化，特別是對年青一代，希望大家可以擁有一份集體回憶，珍視香港這份本土情懷文化。

齊齊認識花碼字

大家知道以上價錢牌的符號是甚麼意思嗎？這就是以前常用的「花碼」，正式名稱為「蘇州碼子」，是源自中國蘇州的數字系統，每個「碼子」都代表一個數字。

在香港開埠初期，花碼已出現，可以在酒樓、茶餐廳或街市等地方看見，主要是作為貨品、服務的價目標示，用於商業買賣及速記方面，當時被廣泛使用，但隨著時代變遷，加上大批外傭來港工作等因素，花碼慢慢遭到淘汰。

如何解讀花碼？

上一排是數字，下一排是單位。
如果下一排只刻著「元」，即代表個位數。
如果下一排刻著「十元」，即代表十位數。

阿拉伯數字	花碼	中文數字	英文數字
1	〡	壹	One
2	〢	貳	Two
3	〣	叁	Three
4	〤	肆	Four
5	〥	伍	Five
6	〦	陸	Six
7	〧	柒	Seven
8	〨	捌	Eight
9	〩	玖	Nine
0	〇	零	Zero

$25

$2.5

$93

$9.3

NEXT STOP......

下一站——

第二站

小巴的前世今生

HONG KONG MINIBUS - PAST & PRESENT

KAM KEE N.T. TAXI CO 5

1950 - 1970
五十至七十年代

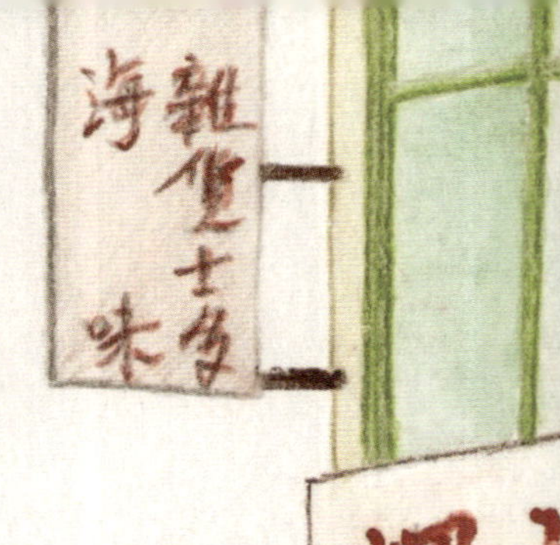

小巴的前身

是小巴? 還是的士?

二十世紀五十至六十年代，新界鄉郊幅員遼闊，道路網絡並未如今天般發達，當時的專利巴士服務無法全面覆蓋所有村鎮，而且班次不足。為解決鄉郊地區的交通需要，政府於一九六○年，批准可載九名乘客的新界的士（ 俗稱「階磚仔」）領牌，與市區的士一樣以出租方式營業，惟當時不少的士司機私下改為按程計價，收費比巴士略貴，車程也比巴士短，此乃公共小巴服務的雛型。由於按程計價實屬非法經營，警方曾大力掃蕩。

九座位的新界的士（俗稱「階磚仔」）。

在五十年代的香港，「白牌車」（以非商用汽車載客並取酬的車輛）很受歡迎，白牌車司機的收入也很不錯，但當時的經濟環境及治安情況亦衍生出其他社會問題，令白牌車成為犯罪分子的目標，例如根據一九五八年六月二十日《工商日報》一則剪報，內容關於一名退役警員冒警向白牌車司機索款。

六七暴動、交通停頓

一九六七年，香港發生一場長達八個月的暴動，稱為「六七暴動」，不同行業（包括運輸業）的工人也加入罷工，有人以暴力及破壞的方式上街示威，除了導致多人死傷，街道受到破壞，亦因為巴士司機罷工，令巴士服務停頓，嚴重影響市民的出行。

有見及此，政府遂容許白牌車前往九龍及港島區為市民提供交通服務，此舉深受全香港市民歡迎，令白牌車的車輛數目不斷增加，自此白牌車不只在新界行走，而在暴動平息後，此通行狀況持續。

COMMER
10
KAM TAK HING TAXI CO
青山道
KAM KEE N.T. TAXI CO 5

生記五金行
SAN KEI HARDWARE
洋行
蔣記
嘉榮 上海醫館跌打
協記涼茶舖
廿四味 五花茶
蔣記
士多雜貨
青山道
嘉頓
SING KEI N.T.
TAXI CO
15
COMMER

1970 - 1990
七十至九十年代

八十年代的九龍專線小巴29線，來往廣播道及畢架山，途經九龍塘地鐵站。直至一九九六年分拆為29A(九龍塘地鐵站至廣播道)及29B(九龍塘地鐵站至畢架山)，直至現在。

小巴的正式誕生

由十四座紅van開始

由於白牌車大受歡迎，加上六七暴動後，公共交通服務需要一段時間才可恢復正常運作，有見交通上的需求，一九六九年政府正式通過《道路交通（修正）條例》，讓小型巴士合法化，同年生效，當中規定車輛淨重不得超過兩公噸，載客人數上限不能超過十四名。從此，白牌車正式「升呢」（升級）成為「公共小巴」，許可穿梭全香港每個角落，服務全香港市民。

香港公共小巴的車身塗裝為米黃色，中間有一條紅色橫線條，印上「公共小型巴士十四座位」的中英文字眼作標記，因此，小巴亦被老一輩稱為「十四座」或「紅van」。

方便 vs 犯規

小巴雖然憑著其路線及收費的靈活性為市民帶來出行上的方便，令香港交通得以改善，但同時亦產生不少問題，例如小巴在禁區或巴士站上落客、超載、不遵守交通規則、危險駕駛等。

針對上述情況，政府遂為小巴訂下法例，包括不再發放新牌照、扣留犯規車輛等，一九七〇年更規定，發出超過兩次扣留令之小巴，司機將被吊銷駕駛執照。對此，社會上有評論認為是為難小巴行業的經營，影響整個小巴行業的運作。

綠色固定專線

紅色小巴的出現，雖然為市民帶來方便，但這卻是當年政府放縱不合法行為的非常政策。於是，政府亡羊補牢，於一九七二年試行「豪華公共小巴」制度，實行固定路線及固定收費，規管公共小巴服務，率先以山頂作為首個試點，把路線定為「1號」路線，來往山頂及中環，並把經營權直接批給時任香港總督司機的商人袁照，於同年五月一日投入服務。

七十年代太平山頂及港島專線小巴1號線，當時路線收費為一元。

豪華公共小巴制度試驗成功，政府遂於一九七四年正式實行專線小巴制度，向業者招標開辦，相繼設立了多條專線小巴路線，並逐步擴大服務範圍至九龍及新界。至於新界的專線小巴「1號」路線，則往來西貢及九龍灣德福花園，是新界區首批專線小巴路線之一，於一九七九年十一月投入服務。

而在 1 號路線開辦的同時，亦增設了往返西貢及彩虹的短途班次，專注服務來往上述兩區的乘客；到了稍後，又獨立其編號為「1A號」。

被禁止的紅 VAN

七十年代開始，政府不斷發展新市鎮，如將軍澳、馬鞍山、青衣及天水圍等地區，新移民從內地不斷湧入香港，人口急增，交通網絡亦須配合發展，多條快速公路及隧道相繼落成及通車，這正好是交通服務業者的黃金機會。

不過，政府認為紅色小巴的服務質素參差，有司機經常隨處停車接載乘客，沒有固定的路線及車站，容易造成交通擠塞，假如容許紅色小巴行走快速公路，一旦遇上有紅色小巴司機危險駕駛，便會影響乘客安全。

紅色小巴禁區路牌標誌。

當局於七十年代中期起，禁止紅色小巴在已有完備鐵路和巴士網絡的新發展區服務，也不能行走新落成的快速公路和隧道，對紅色小巴的服務範圍作出了限制。

此措舉促使一些紅色小巴業者把紅色小巴轉為綠色專線小巴經營，遂令紅色小巴的數量減少。與此同時，紅色小巴車主及市民還是不斷地提出訴求，爭取開放禁區，以方便乘客上落及增加車主收入。

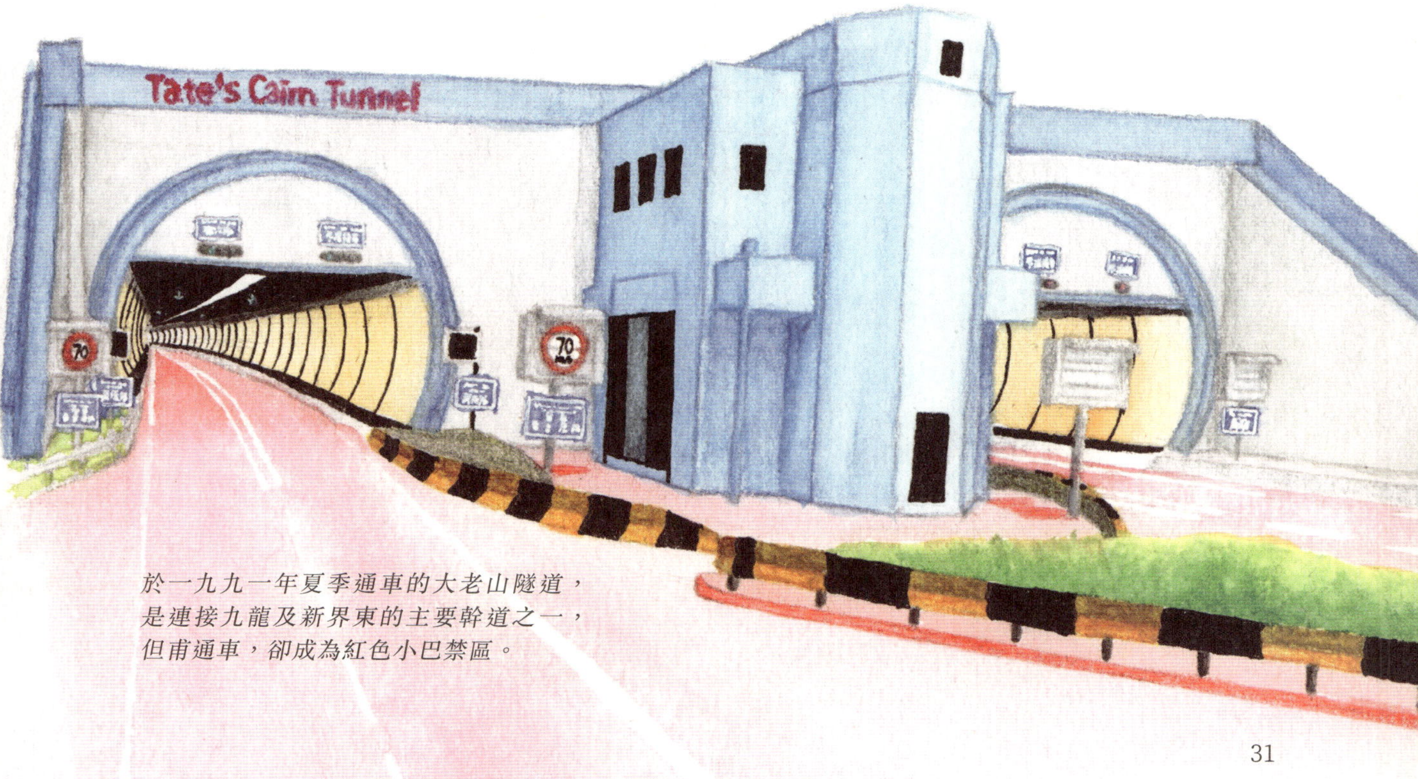

於一九九一年夏季通車的大老山隧道，是連接九龍及新界東的主要幹道之一，但甫通車，卻成為紅色小巴禁區。

限定四千三百五十架

為了避免公共小巴在繁忙路段行駛而造成交通管理問題，並迎合七十年代公共交通工具服務不斷改善的需要，香港政府於一九七六年頒令設置小巴車輛數目的上限，不能超過四千三百五十輛。同時，鼓勵小巴提供固定路線，以輔助、接駁巴士和地鐵的性質作為定位，為市民提供服務。

截至二〇二三年六月，全港共有四千一百二十二輛公共小巴，當中紅色小巴有八百二十三輛，綠色專線小巴三千二百九十九輛。

走進黃金歲月

冷氣開放

香港早期的交通工具沒有冷氣，市民在炎夏季節乘搭，車廂內既悶熱又難免充滿一股汗臭味，叫人難受。一九八四年，小巴率先搶頭香引入冷氣裝置，得到政府、小巴車主、市民及車廠的大力支持及配合。從此，小巴乘客可享更宜人的乘車體驗，司機亦有更舒適的工作環境。

政府許可冷氣小巴投入服務的消息一出，多間生產小巴的車廠遂積極作出研發，例如三菱、日產、豐田等，每間車廠都各出奇謀，冀盼其品牌的冷氣小巴車輛可獲得錄用，為此有車廠刊登廣告，亦有代理商親自接觸乘客及司機，再向各品牌商轉述。

經過一輪交戰，豐田最終憑著其慢工出細貨、願意耗時作詳細研究，並且其車輛款式及實用性更切合需要，即使沒有大肆宣傳，亦能夠擊敗對手，成為香港小巴的首選車款，三菱則是次選，至今仍有一定數量行走。

八十年代的慈雲山及紅色小巴。

由十四座變十六座

八十年代，香港經濟不斷向前發展，市民對交通的需求與日俱增，小巴亦不例外。政府在一九八八年二月二十三日將每輛小巴的載客數量上限，由十四座放寬至十六座，受業界及市民強烈歡迎，認為放寬小巴座位數量上限有助減少乘客候車時間，同時亦可以增加小巴運載力，增加司機及車主的收入。

筲箕灣
PUBLIC LIGHT BUS 14 SEATS 公共小型巴士十四座位
14 SEATS
十四座

廣播道
70M
BL48
BUS STOP
九龍塘地鐵
29
TOYOTA
PUBLIC LIGHT
29
專綫小巴
往:廣播道
候車處
STOP HERE

1990 - 2000
九十年代至千禧年

九十年代的牛頭角下邨及紅色小巴。

改頭換面大變身

車身塗裝大執位

自推出小巴以來，其車身都設有「紅帶」或者「綠帶」，法例也規定須在車身顯示「公共小型巴士○○座位」的中英文識別，不得將其掩蓋。在九十年代中期之前，小巴車身都沒有廣告，即使有張貼海報之類的宣傳品，主要都是張貼在車窗上，宣傳品一概不能遮蓋車身上的中英文標示。

直至九十年代中期，為了擴大在小巴車身可刊登廣告的空間，運輸署建議將小巴的識別用字改髹在車頂位置。自此，小巴的車身為商業客戶提供了一個宣傳途徑，而小巴經營者亦可從中賺取更多收入。亦因此，小巴又有了「紅頂」、「綠頂」的暱稱。

九十年代兩款不同塗裝的小巴。背景為當時的何文田山谷道邨，此邨已於二〇〇一年至二〇〇二年拆卸，多年後該地段重建成現在的高尚住宅「天鑄」、香港理工大學何文田學生宿舍和何文田港鐵站。

九十年代初尚未變裝的小巴。背景為當時的九龍灣啟業邨和麗晶花園。

車頂大牌箱

小巴合法化初期，經營者都是用手寫膠牌放置在車頭以標示路線。自一九七七年起，業界陸續開始在小巴的車頭裝上路線顯示器，讓乘客可更清楚看見車輛來往的目的地。

到了九十年代，進一步改設更大型、易見的路線顯示器，並裝有電動按鈕，以便司機轉換布牌（俗稱「大牌箱」），為乘客提供更清晰的路線資訊。

升級豪裝

優質服務小巴

一九九五年起，香港仔專線小巴公司（現為「進智公交」旗下子公司之一）率先引入裝設高背絲絨纖維豪華座位的「優質豪華小巴」，行走來往碧瑤灣（位於薄扶林的高尚住宅地帶）至中環的「8 號」路線，為乘客提供更舒適的小巴服務。

另一邊廂，專門服務紅磡黃埔花園的捷輝汽車（已於二〇二〇年因疫情而結業），在小巴車廂設備及服務的升級上亦不甘示弱，除了為部分車輛安裝高背座椅、持續翻新車輛外，車長及車站職員一律穿上制服以展示專業的服務形象，並裝設全新的站牌等等，務求讓乘客有更優質、舒適的小巴乘坐體驗。

隨著社會進步，直至今天，絕大部分小巴均已裝設高背座椅，亦設有安全帶，不但提供舒適的乘車環境，亦大大保障了乘客的安全。而「優質豪華小巴」的稱呼，時至今日亦不復存在了。

JORDAN ROAD
佐敦道
TOYOTA
6
JORDAN ROAD
土瓜灣
佐敦道
KWUN TONG
觀塘
PUBLIC LIGH

二〇一一年的小巴和當時的堅尼地城加惠民道小巴總站。背景為西環邨。

開往綠色世界

環保小巴試驗計劃

二十世紀末，社會發展愈來愈蓬勃，市民的生活質素不斷提升，但同時空氣污染亦日益嚴重。其中一個主要原因，就是愈來愈多車輛在路面行駛，基於大部分車輛都是使用柴油燃料，由此排出的廢氣，容易對人體健康造成傷害。

根據香港政府於一九九九年發表的《施政報告》，決定由二〇〇〇年開始，不再進口柴油的士、小巴，並資助車主更換使用石油氣的士、小巴；亦向石油氣供應商提供優惠，以建設加氣網絡，並開辦多項石油氣車輛技工訓練課程。

二〇〇〇年六月三日，其中一項減少柴油車輛引致空氣污染的主要措施「另類燃料小巴試驗計劃」正式展開，為期半年；並於二〇〇一年展開第二期試驗計劃，收集石油氣小巴及電動小巴在本港運作的資料，評估這些另類燃料的小巴是否適合於本港作商營用途，由富經驗的公共小巴營運商管理及營辦，以確保試驗計劃能夠獲取最可靠的結果。

石油氣 vs 電動車

整項計劃除了有十一輛石油氣小巴之外，亦有四輛電動小巴，分別行走八條綠色專線小巴路線及一條紅色小巴路線。以下展示計劃中所採用的四款石油氣及電動小巴，評估其環保效能及不足之處等。

一號佳麗

日產Civilian 石油氣小巴

1. 石油氣氣缸容量太小。
2. 耗氣量較柴油小巴為多。
3. 測試初期廢氣排放曾超出標準，生產商認為問題在於採用了過小的催化器。

二號佳麗

豐田Coaster 石油氣小巴

1. 石油氣氣缸容量較小。
2. 耗氣量較柴油小巴為多。

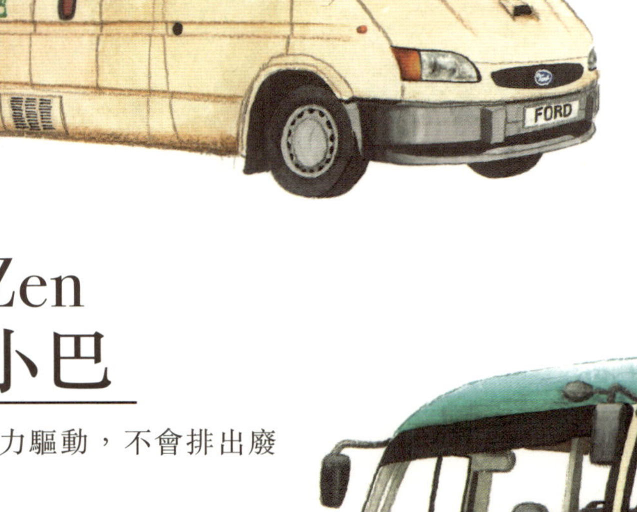

三號佳麗

福特Transit 石油氣小巴

1. 馬力不足。
2. 車型太小及車廂空間不足。
3. 尾輪應採用雙集輪胎。
4. 外推式車門打開時會容易碰傷候車乘客。

四號佳麗

環力Zen 電動小巴

1. 因由純電力驅動，不會排出廢氣。
2. 充電成本較低，但電池租用成本則高。
3. 運作期間使用快速充電模式，需多次充電。
4. 充電站須建於總站路旁，否則須回廠充電，需時甚久。
5. 引擎機械維修項目較柴油小巴少，電子部件維修則較多。

一輛石油氣小巴行駛紅色公共小巴路線「觀塘至美孚」，途經九龍灣觀塘道近啟業邨前往美孚。

贏家誰屬？

經過兩期試驗，最終只有豐田就車輛上的問題作出改良，並於二○○二年正式供應香港市場，成為唯一引進香港的石油氣小巴車款，成為終極贏家。

另一輛參與計劃的石油氣小巴，行駛新界專線小巴路線1A，滿載乘客由西貢前往彩虹地鐵站。

長陣小巴

小巴的服務質素一直在提升，小巴公司「進智公交」於二〇〇三年引進長陣小巴，車廂內維持十六個座位數目，但座位的排列較寬，部分車輛更裝設行李架。

進智公交當年所引進的長陣小巴，其車身的塗裝用白色，與常見的米白色有別。車廂採用較豪華、舒適的座椅之外，還配備行李架，車門是外推式電動門（俗稱「電門」或「飛機門」），並使用密封式車窗，開創業界先河。服務質素大為提升，乘客得到更舒適、更高質素的小巴服務。目前這批車輛已全數退役。

其中一輛十九座位的長陣石油氣小巴，行駛公共小巴路線青山道至黃大仙線，抵達黃大仙（正德街）總站。

亡命小巴之法例對策

超速、不依照指定路線行走、有乘客等候卻不停站等等——有紅van司機的駕駛態度惹人詬病，縱使營辦商須按客運營業證規定在每部公共小巴內展示營辦商和交通投訴組的熱線電話，但沒有要求展示司機營業證件，欠缺司機基本資料，乘客遂投訴無門。

為改善小巴司機的服務態度及質素，運輸署開展一系列措施：

二○○一年十一月底起，所有通宵服務的專線小巴營辦商必須展示司機證；二○○三年六月一日起更規定全港公共小巴司機均須在車廂當眼處展示司機證。

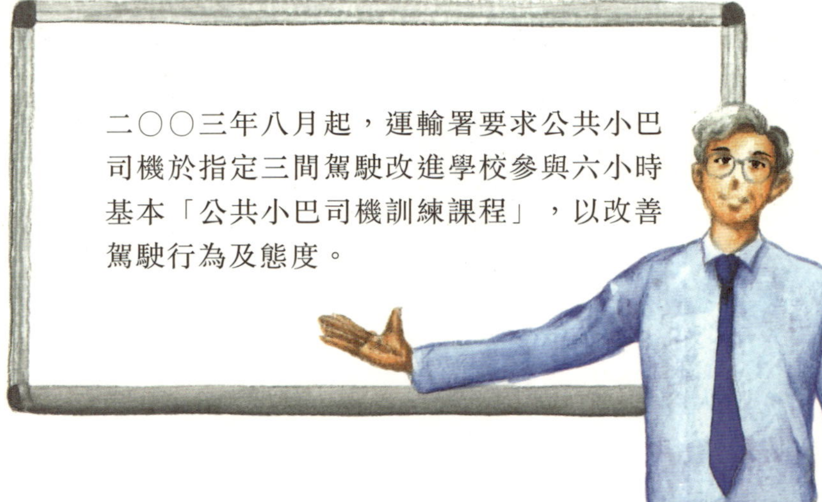

二○○三年八月起，運輸署要求公共小巴司機於指定三間駕駛改進學校參與六小時基本「公共小巴司機訓練課程」，以改善駕駛行為及態度。

二○○五年十一月起，所有小巴須在當眼位置展示香港警務處交通投訴組的電話號碼，讓乘客可以對司機的違規行為及時作出投訴。

二○○五年四月三十日起，所有公共小巴必須安裝車速顯示器。當小巴車速達到時速81公里或以上時，顯示器會不斷亮燈響號，直至車速下降至時速80為止，以方便小巴乘客監察車速，以遏止超速駕駛，確保行車安全；並由二○○八年五月一日開始，不當使用顯示器或干擾顯示器使其失靈，均屬違法。

二○○四年八月一日起，為保障乘客的乘車安全，規定公共小巴必須安裝乘客安全帶及高背座椅；如公共小巴已裝有安全帶，乘客必須佩戴，否則將會被罰款港幣五千元及監禁三個月。

由紅轉綠

運輸署於二〇〇二年起，實施鼓勵小巴由紅巴轉為綠巴的措施，凡申請人是新加入專線小巴業界者（即既有紅色小巴營辦商），皆可在遴選中獲得額外分數，以鼓勵紅巴營辦商轉為營運專線小巴服務。

雖然小巴車主也可以申請將小巴從綠色轉為紅色，但由於綠色小巴營辦商可租用他人小巴經營，同一輛綠色小巴，可以有不同的車輛登記人和客運營運證持有人，因此綠色小巴數目持續上升，而紅色小巴的數字則是不斷下跌。

根據運輸署資料顯示，直至二〇二三年六月，於四千一百二十二輛公共小巴中，綠色專線小巴佔了三千二百九十九輛。

其中一輛由紅轉綠的小巴，最初行駛紅色公共小巴路線何文田至旺角線，之後轉為綠色專線小巴，行走九龍專線小巴 83M 路線。

以往，如欲將紅色小巴路線轉為綠色專線小巴路線，須重新招標，此舉往往令紅色小巴的經營者擔憂會失去經營權而卻步。二〇二四年八月初，運輸署放寬小巴「紅轉綠」限制，推出「特選紅轉綠」計劃，凡符合指定條件的紅色小巴有意轉為綠色專線小巴營運，可免重新招標；署方也向十一條紅色小巴路線發信邀交「轉綠」申請，以鼓勵紅色小巴路線轉為綠色專線小巴路線。

參與「特選紅轉綠」計劃須符合以下條件：

- 已經參與「二元乘搭公共交通票價優惠計劃」
- 經營有關路線達五年或以上
- 路線內車輛只行駛該路線
- 單一營辦商經營
- 路線每日全日提供服務

KA WAI MAN ROAD
13 嘉加惠民道
13

全港首輛十九座紅色小巴，行走紅色公共小巴路線元朗至大棠，停泊在大棠小巴總站。

行走道路安全至上

政府制訂的《2012年道路交通（修訂）條例》於同年四月十三日起生效，以持續改善公共小巴的操作安全和服務質素。條例內容如下：

規定公共小巴在道路上行駛的最高車速為每小時80公里。此外，須於車廂內的顯眼位置展示一個載有「本車最高時速限於80公里」字樣的標誌。

強制每輛公共小巴必須由「獲授權車速限制器安裝人員」安裝合規格的車速限制器，並規定公共小巴內須展示公共小巴司機證。

另外，由二〇一四年十二月一日起，所有於該日期或以後首次登記的新公共小巴，均須安裝電子數據記錄儀（俗稱「黑盒」）。

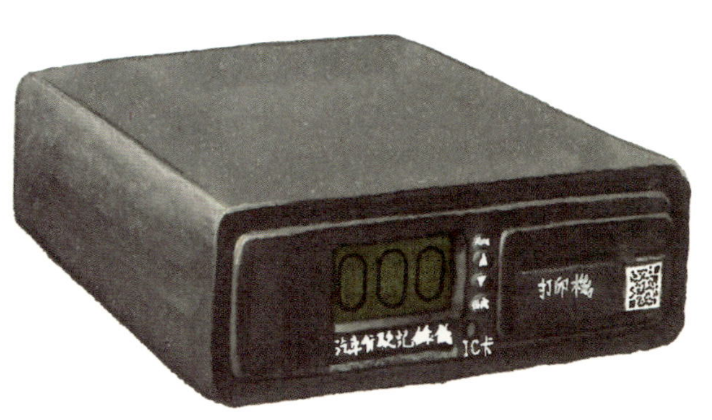

於二〇一五年六月一日起申請公共小巴駕駛執照的人士，均須修習並完成公共小巴司機職前課程。

兩蚊乘車優惠

六十五歲或以上長者及合資格殘疾人士

於二〇一一年以前，多間公共交通機構都有推出長者乘車優惠，但此舉純屬自願性質，政府並沒有強制性要求提供。到了二〇一一年，在政府所發表的《施政報告》中，建議所有六十五歲以上長者和符合資格的殘疾人士，均能以每程港幣兩元的優惠票價，乘坐港鐵、專營巴士、渡輪等公共交通工具，希望透過此交通優惠計劃鼓勵長者及殘疾人士多投入社區，讓社會共融。

二〇一二年十一月，香港政府與渡輪、專線小巴、專營大嶼山路線的巴士相討如何把該計劃擴展。到了二〇一四年，政府在《施政報告》中又提出把優惠擴展至綠色專線小巴；計劃於次年三月生效，推出時涵蓋香港超過百分之八十的綠色專線小巴路線，隨後在二〇一五年九月增至百分之九十四。

「政府長者及合資格殘疾人士公共交通票價優惠計劃」之兩元乘車優惠標誌（作者手繪圖）。

其中一條參與兩元乘車優惠計劃的九龍專線小巴路線 2A，前往黃埔花園，在又一村上客中。

惠及六十至六十四歲長者

二〇二〇年，政府宣布將六十至六十四歲長者納入兩元交通優惠計劃的範圍內，於次年實施，但為了避免有人濫用優惠計劃，決定強制所有受惠者均須以個人八達通卡來領取優惠，要求六十歲以上長者分批申請印有個人相片和姓名的「樂悠咭」。

二〇二一年六月，政府公布有關計劃將擴展至紅色小巴、街渡及電車；並於二〇二二年二月開始正式推行。

另一條有參與兩元乘車優惠計劃的紅色公共小巴路線——土瓜灣至何文田線，正前往土瓜灣，在何文田忠孝街上客中。

十九座小巴

業界、市民提訴求

小巴業界一直爭取將小巴座位由十六座增至二十座，甚至二十四座，以接載更多乘客，從中增加收入；對於乘客而言，過往因為座位數目所限，等候小巴的時間較長，特別是居住於交通不便、只能依賴小巴出入的居民，需要花費更多時間於交通方面，乘客都希望能夠減省候車時間。

74A
YUEN LONG
元朗
福康街
PUBLIC LIGHT BUS 16 SEATS 公共小型巴士十六座位
大橋街市
$5.30

初見曙光

政府於二〇一六年建議全港專線小巴座位數目由當時的十六座，可按需要加至最多十九座，有望將維持了二十八年的小巴座位上限帶來突破。

雖然小巴業界致力爭取將座位上限增加至二十座，但當時的運輸及房屋局（現時已經分為運輸及物流局及房屋局）認為，把座位數目鎖定十九座而非二十座，是避免小巴服務供過於求，營辦商亦不需額外採購超出現時法定長度的車型，以避免增加路面交通負荷，而且增加座位數目上限亦涉及改動小巴總站設施及上落客位空間等，故政府認為增加座位的數目不宜超過三個。

爭取成功

二○一七年四月七日，政府就《2017年道路交通（修訂）條例草案》刊登憲報，將小巴的座位上限由十六座增至十九座；並在同年六月二十八日於立法會三讀通過草案，七月七日起生效。為小巴發展史寫下重要的一頁。

全港首批十九座小巴之一，行走新界專線小巴路線 20C，來往大埔墟站至大美督，停泊在大美督小巴總站。

低地台小巴

輪椅乘客的需要

目前香港與全世界一樣，都有低地台巴士，方便輪椅乘客；不過，若要前往醫院，由於地理位置因素，巴士往往未能直達醫院正門。而專線小巴就成為除了的士之外，可直達醫院正門的公共交通工具選擇。然而，小巴卻又因其前置引擎設計所限，而並未設有低地台設備或供輪椅乘客專用的上落車門。

小巴一直欠缺方便殘疾人士上落的設備，局限了輪椅乘客出行的選擇，令他們只能預約復康巴士或「揸貴車」乘坐的士前往醫院。

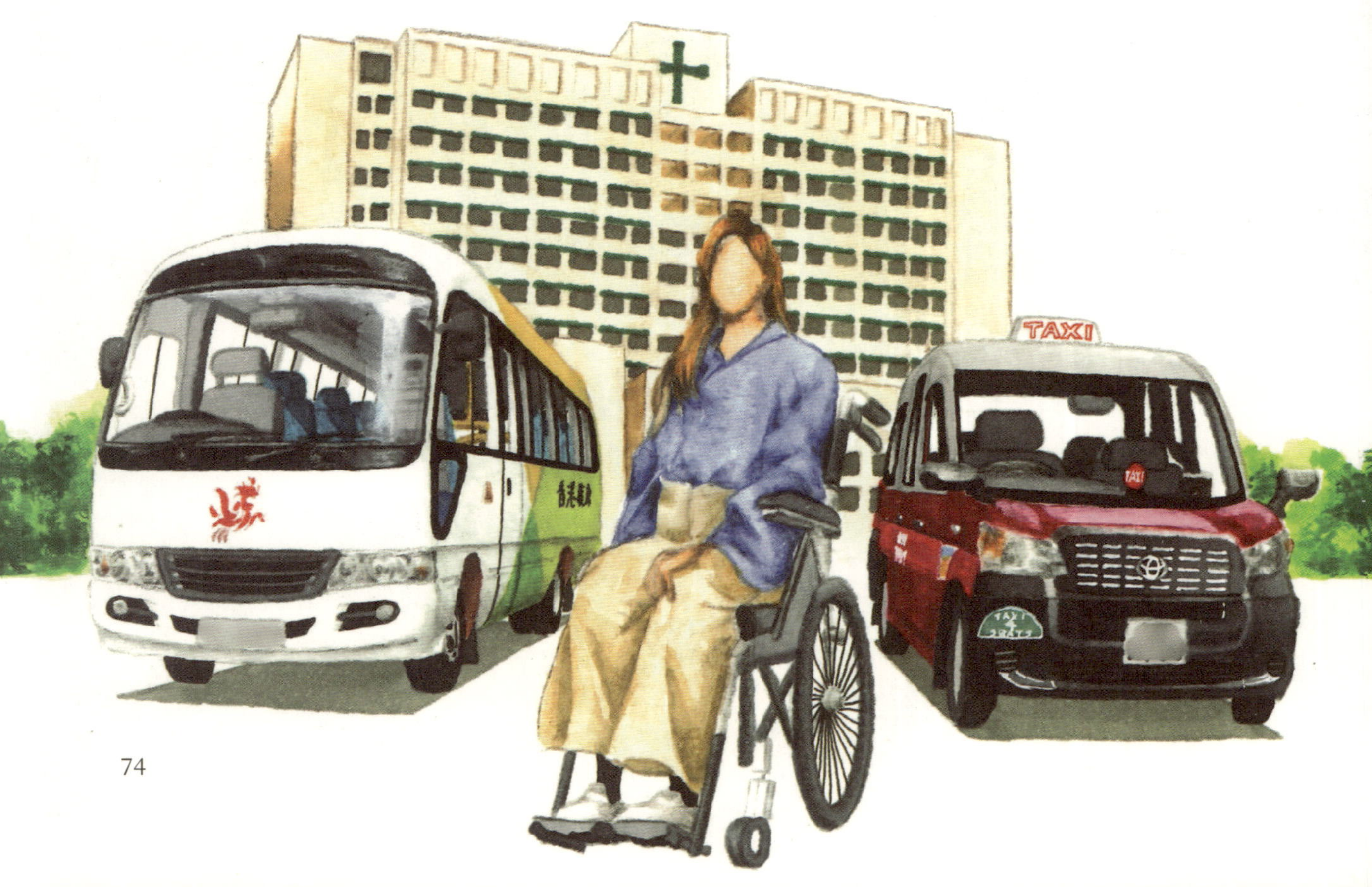

港島專線小巴路線 47E，來往小西灣至東區醫院，途經柴灣，只於星期一至六、日間非繁忙時段服務。

由醫院小巴路線開始改革

政府於二〇一七年發表的《施政報告》中，表示同年下半年將計劃試驗以可供輪椅上落的低地台小巴，行走三條醫院小巴路線；並於二〇一八年一月二十六日起展開計劃。

截至二〇二三年十二月，有六間專線小巴公司參與此計劃，行走以下六條路線：

- 港島專線小巴 54M — 堅尼地城站 ↔ 薄扶林（瑪麗醫院）
- 九龍專線小巴 90A — 油塘（油麗邨）↔ 啟德（香港兒童醫院）
- 九龍專線小巴 CX1 — 佐敦（柯士甸站）↔ 西九文化區藝術公園
- 新界專線小巴 413 — 青衣碼頭 ↔ 葵涌（瑪嘉烈醫院）
- 新界專線小巴 503 — 粉嶺（皇后山邨）↔ 上水（北區醫院）
- 新界專線小巴 808 — 馬鞍山（錦英苑）↔ 沙田圓洲角（威爾斯親王醫院）

全港首輛低地台小巴，型號為Optare Solo SR (已退役)。

計劃展開初期屬於自願性質，後來政府於招標專線小巴路線時加入一項特別條款，要求投得服務醫院路線的專線小巴營辦商，在投入服務首日起計一年內，須調配一輛全新可供輪椅上落的低地台公共小巴提供服務。之後，擴展至非醫院路線陸續開始提供低地台小巴服務，更加方便輪椅乘客出行。

其中一輛低地台小巴，型號為「猛獅 TGE 5.180」，停泊在西九文化區近 M+ 博物館外。

紅VAN自由戰線

被禁止的紅van

一直以來，紅色公共小巴服務的運作形式比較彈性，收費、行車路線及上落車地點，均未受政府限制，但此舉亦形成有紅色小巴趁機胡亂坐地起價、於路中心或禁區非法上落客、以至兜客等情況出現。

有見及此，政府於香港多條快速公路和隧道，以及多個新發展區（如將軍澳、天水圍、安達臣發展區、馬鞍山等）設置紅色公共小巴禁區，禁止紅色小巴行走多條快速公路、隧道及多個新發展區，以維護巴士及專線小巴為新發展區居民提供有質素保證的交通服務，並確保路面安全。

爭取擴大行走空間

面對上述規限，紅色小巴業界極力爭取開放小巴禁區、容許紅 van 行走快速公路及隧道，以增加客源和營運收入，同時為乘客提供更多便捷的交通服務選擇。

早於一九八四年，觀塘、慈雲山、沙頭角多個小巴車主,，曾發起罷駛示威，抗議政府在本來有紅色小巴服務的地區增設專線小巴路線，並增加紅色小巴的禁區範圍，以取代紅色小巴相關路線服務，威脅紅色小巴的營運及影響司機生計。

到了二〇一四年，的士小巴權益關注大聯盟發起四架紅色小巴硬闖屬於紅色小巴禁區的青馬大橋、東涌及機場，以抗議政府針對紅色小巴的過時政策，縮窄小巴業界的生存空間，嚴重影響業界生計。

一九八四年慈雲山多個小巴車主曾發起罷駛示威。

許可穿梭快速公路及隧道

隨著社會及經濟發展形勢所需，近年運輸署為紓緩市區路面的擠塞情況，並方便小巴前往石油氣專用加氣站或其他加油站，以及前往進行驗車工作等，開始逐步容許公共小巴行走部分快速公路及隧道，此舉不但方便了業界為乘客提供更快捷的交通服務，讓乘客有更多選擇，亦使公共小巴可縮短前往加氣站或驗車中心所需路程。

政府於二〇一六年起容許紅色小巴行走啟德隧道及東九龍走廊往東九龍方向，讓紅色小巴乘客可更快捷地前往東九龍。

二〇一九年十月二十日上午十點起，紅色小巴可行駛青沙公路（長沙灣至沙田段），令乘客能夠便捷地來往新界東及九龍，業界亦可有多一條來往新界東及西九龍的途徑，不再局限於只能途經獅子山隧道或大埔道，此舉亦有助紓緩獅子山隧道的擠塞情況。

元朗
YUEN LONG
PUBLIC LIGHT BUS 19 SEATS 公共小型巴士十九座位
27516666
十八鄉黃泥
燃の隊
辣拉麵
MADE IN JAPAN

2020 - NOW
二〇二〇年至現在
智能巴士
AUF NACHFRAGE BUS
PUBLIC LIGHT BUS 19 SEATS
歡迎預約
ANBUS
網約
ANBUS
AN Bus
頂聖車身廣告

進入智能科技時代

電子支付裝置

現今乘坐公共交通工具支付車資時，大家都可使用電子支付工具；而在傳統的公共交通工具之中，小巴更是率先打響頭炮，加入接受科技化的車費支付方式。

電子支付工具平台「支付寶」香港於二〇一八年十月正式宣布推出可應用於交通工具的支付技術「易乘碼」（EasyGo），與本港兩間大型專線小巴營辦商進智公交及冠榮車行簽署合作協議；並於二〇一九年一月二十八日起，分階段於上述兩間小巴公司旗下的多條路線推行，自此乘客繳付車資有多一個選擇。

易乘碼提供雙離線技術支援無網路支付，無論乘客在網絡接收訊號強或弱，甚至無網絡的情況下，都可以正常完成交易，付款過程平均只需0.3秒，更提供「先乘後付」功能，若用戶電子錢包金額不足，應用程式可代付一次車資，在完成車程後再進行增值，另提供實時退款功能。此項電子支付的引入，為乘客提供除了現金和八達通以外，另一種方便快捷的支付方式，亦配合小巴追求快捷速度的風格。

專線小巴實時到站資訊

市民乘搭鐵路可查看月台的到站時間顯示屏，乘搭巴士可查閱巴士公司的流動應用程式以得知巴士到站實時，但以往乘搭小巴，尚沒有任何應用程式可查看車輛到站時間，令等候小巴的乘客難以計劃行程。

政府於二〇一八年的《施政報告》中提出，為方便專線小巴乘客得知小巴預計到站時間，運輸署將於全港約三千三百輛專線小巴安裝定位裝置及研發系統，讓乘客透過運輸署的流動應用程式「香港出行易」查閱專線小巴預計到站時間，乘客亦可透過政府「資料一線通」免費使用相關數據，並於二〇二〇年底起，分階段發放專線小巴實時到站資訊。至二〇二二年十月二十七日，此系統已覆蓋全香港所有專線小巴路線。

座位佔用及佩戴安全帶偵測

自從運輸署於二〇〇四年強制小巴新車必須裝設安全帶及高背座椅，要求乘客佩戴安全帶，並透過標誌、電視廣告等多個途徑，向市民宣傳必須佩戴安全帶的訊息，惟直至現在，仍有很多小巴乘客沒有佩戴安全帶。

為加強乘客佩戴安全帶的意識，強調安全帶對乘客的乘車安全，運輸署於二〇二〇年九月三十日起，揀選於港、九、新界合共八條專線小巴路線各其中一輛小巴，分階段作座位佔用及佩戴安全帶偵測裝置試驗，在座椅及安全帶鎖扣加設裝置，以偵測座位佔用及佩戴安全帶情況。

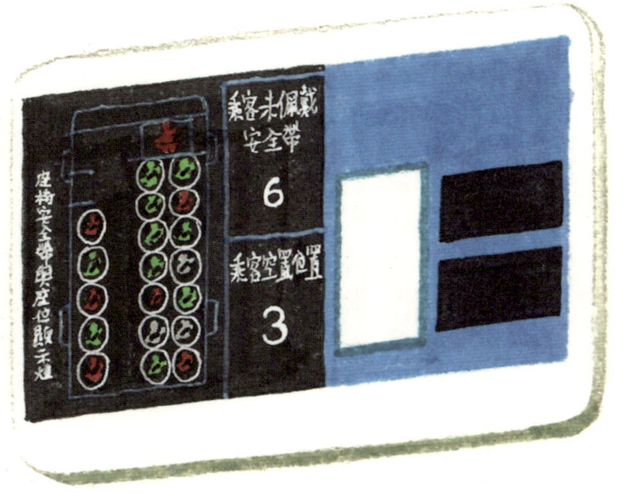

在參與試驗計劃的專線小巴上，座椅及安全帶鎖扣加設了裝置，以偵測座位佔用及乘客佩戴安全帶的狀況。若座位空置，乘客座位上方會顯示綠燈；倘座位已有乘客使用卻未有佩戴安全帶，則會顯示紅燈；位於車頭近司機座位旁邊的液晶顯示屏亦會顯示相關狀況。

試驗結果顯示，在一般情況下此裝置技術上可行，大致能準確偵測座位佔用及佩戴安全帶狀況。於二〇二三年初，當局要求所有在同年九月一日或之後首次登記的公共小巴在車廂內須安裝此設備，以偵測座位佔用及佩戴安全帶的狀況，並透過顯示和廣播相關訊息，提醒乘客佩戴安全帶。

但有小巴業界認為，即使司機透過系統發現乘客未有佩戴安全帶，亦只能對乘客作出勸喻，若然乘客不配合，此系統還是未能起到實際作用。長遠而言，得靠公共小巴乘客自律守法，於乘車時自行佩戴安全帶，並知悉違例者最高罰款港幣五千元及監禁三個月。

NEXT STOP......

下一站——

第三站

小巴車型進化圖鑑

SHOWCASE - EVOLUTION OF HK PUBLIC LIGHT BUS

1960 - 1970

六十至七十年代

五十鈴 ELF 第一代
(日本生產) (1959)

金馬 Commer FC
(英國生產) (1964)

五十鈴 Journey BLD20
(日本生產) (1965)

福特 Ford MK1
(英國生產) (1965)

摩利士J2
(英國生產) (1967)

五十鈴 ELF 第二代
(日本生產)(1968)

大發 DAIHATSU
(日本生產)(1969)

日產實力 Echo GC240
(日本生產)(1969)

日產實力 Civilian GC240
(日本生產)(1971)

1980 - 2000
八十年代至千禧年

日產實力 Civilian W40
（日本生產）（1982）

三菱扶桑 BE211
（日本生產）（1983）

三菱扶桑 BE439
（日本生產）（1987）

豐田 Coaster BB42R
(日本生產) (1993)

三菱扶桑 BE639
(日本生產) (1997)

豐田 Coaster BB43R
(日本生產) (1998)

豐田 Coaster BB20
(日本生產) (1984/1988)

2000 - 2020
千禧年至二〇二〇年

梅斯特斯平治 Sprinter 413/416CDi
（德國生產）（2000）

豐田 Coaster BZB40R (5DL)
（日本生產）（2003）

豐田 Coaster BZB40R (5LS)
（低背座椅版本）（日本生產）（2001）

豐田 Coaster BZB40R (5LS2)
（高背座椅版本）（日本生產）（2004）

歐霸 Daily 50C15
（意大利生產）（2004）

三菱扶桑 BE639G
（日本生產）（2005）

豐田 Coaster XZB40R (6DS)
(柴油)(另有石油氣版本(6LS))
(日本生產) (2007)

三菱扶桑 BE641G
(日本生產) (2012)

三菱扶桑 BE63DG
(日本生產) (2007)

GMI Gemini GM6700GAREEV
(第一代)
(香港生產) (中國東風代工) (2013)

豐田 Coaster XZB50R (6DS)
(石油氣)(另有柴油版本(6LS))
(日本生產) (2015)

豐田 Coaster BZB50R (6DL)
(石油氣)
(日本生產) (2016)

豐田 Coaster BZB70R (7LL)
(日本生產) (2017)

GMI Gemini GM6700GAREEV (第三代)
(香港生產) (中國廣汽比亞迪代工) (2017)

豐田 Coaster XZB70R / GDB70R-ZETSY (7DL)
(日本生產) (2017/2022)

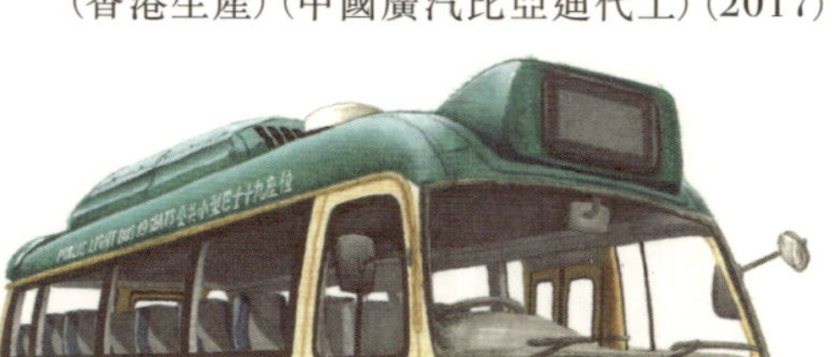

金旅 Golden Dragon XML6701J18
(中國生產) (2016)

Optare Solo SR M790
(低地台) (英國生產) (2017)

梅斯特斯平治 Sprinter 516CDi EVM (第三代)
(低地台) (德國生產) (2018)

2020 - NOW

二〇二〇年至現在

GMI Thor
(香港生產)(中國廣州穗景客車代工)(2020)

重慶穗通 YST6700BEVG
又名「科軒動力APEX MINI e-PLB」
(低地台)(中國科軒動力控股研發)
(重慶穗通生產)(2022)

GMI Gemini (第四代)
(香港生產)(中國廣州穗景客車代工)(2021)

金旅 XML6722JEV
(中國生產)(2023)

Fiat Ducato Mellor Orion
(低地台)(英國生產)(2021)

猛獅 TGE 5.180
(低地台)(德國生產)(2023)

EPILOGUE

後記

由高中的校本評核以小巴為題材、到大專的畢業作，然後決定製作這本書，經歷三年的內容修訂及繪寫，終於完成了《前面有落 – ①號線》，整個過程百感交集。

大專畢業展的時候，這本寶貝讓師生們眼前一亮，亦為我造就了一個為學校拍攝宣傳片的機會。這份畢業作品還有幸獲挑選到香港會議展覽中心作為學院十週年學生作品展的展品之一，可惜當年由於疫情關係，只好改為網上展出，但亦是首次向公眾亮相。

二○二二年六月，時值我中學母校創校四十週年，這本寶貝亦有幸參與成為週年藝術展的展品之一，除了能夠向公眾亮相，也是首次能夠展示實體作品。依稀記得，有一位老師跟我說，她和兒子在展覽前已很期待看我這本作品，亦有老師向我借這本寶貝，以向學生們作出介紹，讓我感到鼓舞。

直至二○二三年之前，既因為疫情，亦因為我繼續升學、上班、畢業後出來為自己的興趣創業，例如幫母校、朋友畫畫、做平面設計、教授校本評核技巧、參與展覽市集等，再加上個人為友情關係而煩惱等等的因素，而忽略了這本寶貝，但我還是希望能夠將自己的這份作品好好發表。

二〇二三年七月，為了圓出版心願，我繼續繪寫、修稿，努力繪畫更多圖畫、做書稿的排版製作、構思頁面的布局、修訂全書的頁數，也重新設計封面。小弟發現，原來正式製作一本書，比我想像中複雜，需要時間去好好摸索。

經歷過這一次的書本製作，我為自己能夠將以往在學校所學的知識技巧得以致用，亦為自己可以做到自己想做的事而感恩。

最後，在此感謝支持我和幫助過我的所有人，感謝期待著我的作品及這本書的朋友們，感謝耐心地看完這本繪本的每一位讀者，感謝閱讀這本書而覺得對小巴有更多認識的讀者們，我為所有這一切感到榮幸！

當樂

SEE U SOON......

到站，下次再見！

作者簡介

當樂（Donro），本名Donald，1999年出生。從小到大都酷愛繪畫，喜歡手繪交通工具、人像、風景寫生、食物及節日等等。近年開始以水墨畫方式描繪人像。就學時曾多次參加相關範疇的比賽並獲獎。大學畢業後樂於透過展覽，向大眾推介自己的作品。

圖說香港小巴史

cin4 min6 jau5 lok6

前面有落

作　　者／ 當樂 Donlok
設　　計／ 當樂 Donlok
排版協力／ @freeflow.imagination
編　　輯／ 阿丁 Ding

出　　版／ 格子盒作室 gezi workstation
郵寄地址：香港中環皇后大道中70 號卡佛大廈 1104 室
網上書店：https://gezistore.company.site
IG：www.instagram.com/gezi_workstation
FB：www.facebook.com/gezibooks
電郵：gezi.workstation@gmail.com

發　　行／ 一代匯集
聯絡地址：九龍旺角塘尾道64 號龍駒企業大廈10B&D 室
電話：2783-8102　傳真：2396-0050

承　　印／ 美雅印刷製本有限公司

出版日期／ 2025年7月

ＩＳＢＮ／ 978-988-75726-4-0